por Joyce Markovics

Consultora: Karla Ruiz
Colegio de Maestros, Universidad de Columbia
Nueva York, Nueva York

New York, New York

Créditos

Cover © Andy Dean Photography/Shutterstock and Anton_Ivanov/Shutterstock; 3, © Dario Lo Presti/Shutterstock; 4, © Anton_Ivanov/Shutterstock; 5L, © Carlos E. Santa Maria/Shutterstock; 5R, © Bartosz Hadyniak/iStock; 7, © ostill/Shutterstock; 8, © javarman/Shutterstock; 9, © Tomasz Resiak/iStock; 10L, © allinvisuality/iStock; 10–11, © Mike Treglia/Shutterstock; 12T, © Dirk Ercken/Shutterstock; 12B, © Anan Kaewkhammul/Shutterstock; 13, © Edwin Butter/Shutterstock; 14–15, © Mark Skalny/Shutterstock; 16, © Courtesy Architect of the Capitol; 17, © Carlos Mora/Alamy Stock Photo; 18–19, © Fotos593/Shutterstock; 19B, © Vadim Petrakov/Shutterstock; 20, © Carlos Mora/Alamy Stock Photo; 21, © Bartosz Hadyniak/iStock; 22, © Hans Geel/Shutterstock; 23, © Byelikova Oksana/Shutterstock; 24, © sunsinger/Shutterstock; 25, © Christian Vinces/Shutterstock; 26, © Bartosz Hadyniak/iStock; 26–27, © Pavel Svoboda/Shutterstock; 28B, © Ozgur Guvene/Shutterstock; 28–29, © Bartosz Hadyniak/iStock; 30T, © Anton_Ivanov/Shutterstock and Christian Vinces/Shutterstock; 30B, © suebmtl/Shutterstock; 31(T to B), © Fotos593/Shutterstock, © javarman/Shutterstock, © ostill/Shutterstock, © ostill/Shutterstock, © Mike Treglia/Shutterstock, and © Fotos593/Shutterstock; 32, © Neftali/Shutterstock.

Director editorial: Kenn Goin
Editora: Joyce Tavolacci
Traductora: Eida Del Risco
Editora de español: María A. Cabrera Arús
Director creativo: Spencer Brinker
Diseño: Debrah Kaiser
Investigadora de fotografía: Olympia Shannon

Datos de catalogación de la Biblioteca del Congreso

Names: Markovics, Joyce L., author.
Title: Perú / by Joyce Markovics ; traductora, Eida Del Risco.
Other titles: Peru. Spanish
Description: New York, NY : Bearport Publishing Company, Inc., 2019. | Series: Los países de donde venimos | Includes bibliographical references and index. | Audience: Ages 6–10.
Identifiers: LCCN 2018044245 (print) | LCCN 2018044391 (ebook) | ISBN 9781642803013 (ebook) | ISBN 9781642802320 (library)
Subjects: LCSH: Peru—Juvenile literature.
Classification: LCC F3408.5 (ebook) | LCC F3408.5 .M35318 2019 (print) | DDC 985—dc23
LC record available at https://lccn.loc.gov/2018044245

Para más información, escriba a Bearport Publishing Company, Inc., 45 West 21st Street, Suite 3B, New York, New York 10010. Impreso en los Estados Unidos de América.

10 9 8 7 6 5 4 3 2 1

Contenido

Este es Perú

IMPRESIONANTE

Antiguo

Amistoso

Perú es un país grande de América del Sur.

Es dos veces más grande que el estado de Texas.

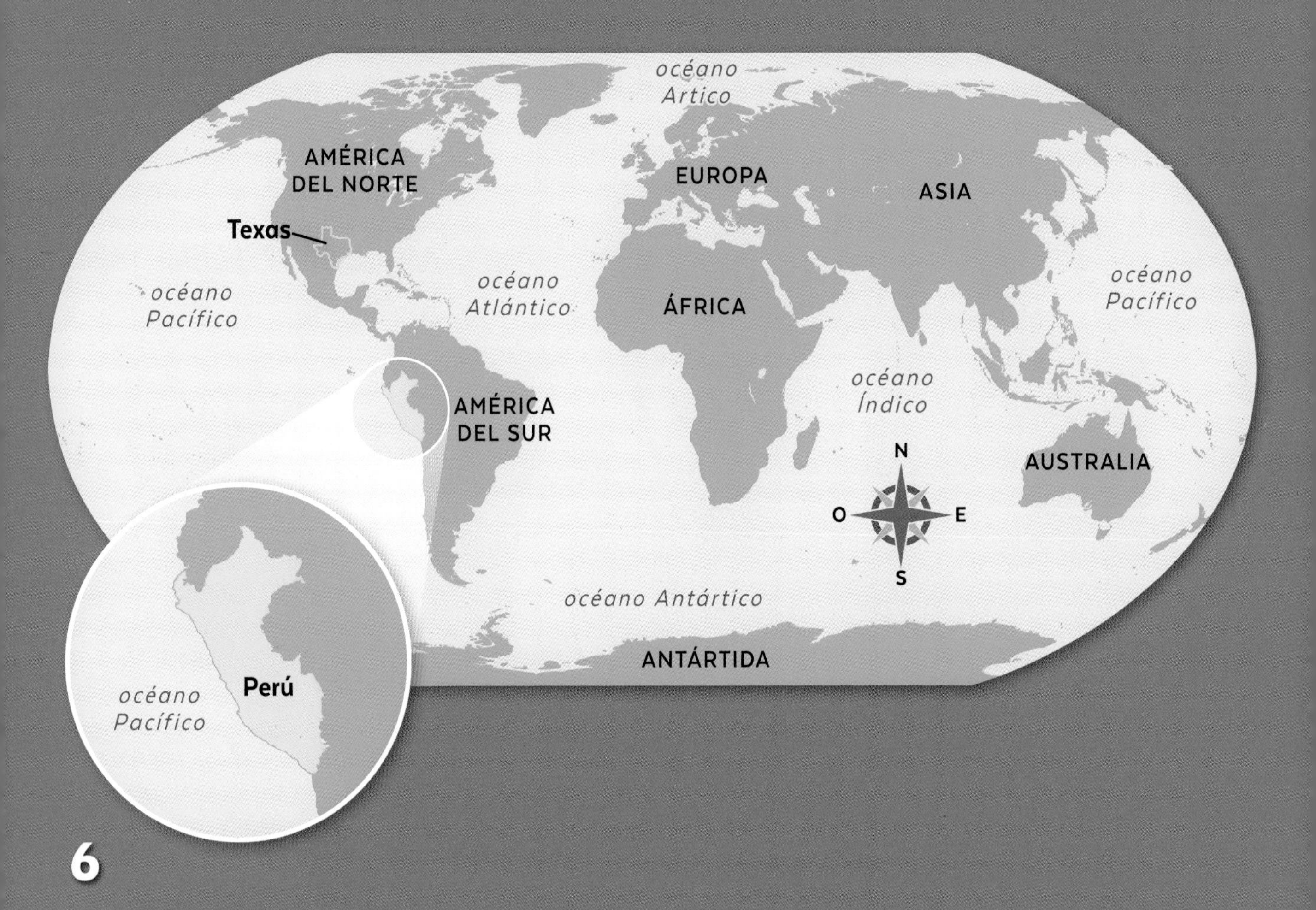

En Perú viven más de
30 millones de personas.

Perú tiene una **costa** muy extensa.

Buena parte de la tierra es seca y polvorienta.

La costa de Perú se extiende 1,500 millas (2,414 km) a lo largo del océano Pacífico.

No muy lejos de la costa, hay una franja de montañas altas.

Son los Andes.

unas montañas de los Andes

Una selva enorme
cubre la mitad de Perú.

Es la selva del
Amazonas.

¡Es la **selva tropical**
más grande del mundo!

flor que crece en
la selva tropical

El río Amazonas
corre por entre
la selva.

Miles de animales diferentes viven en la selva del Amazonas.

En los árboles descansan unas ranas de colores.

Los jaguares deambulan por la selva.

rana de árbol roja

tití emperador

En la selva del Amazonas también viven muchos tipos de monos.

Perú ha estado habitado desde hace miles de años.

Los incas construyeron ciudades.

Machu Picchu

La ciudad inca de Machu Picchu está ubicada en lo alto de las montañas.

Cada año, miles de personas visitan esa antigua ciudad.

Los españoles llegaron a Perú en el siglo XVI.

Gobernaron la región durante cientos de años.

En 1821, Perú se convirtió en un país libre.

Cada año, los peruanos celebran su **independencia** el 28 de julio.

Hoy en día, la mayoría de los peruanos vive en las ciudades.

La ciudad más grande es Lima. Es también la **capital** de Perú.

¡En Lima hay un parque donde viven cientos de gatos!

El idioma principal de Perú es el español.

Muchos peruanos también hablan una lengua inca llamada quechua.

¡La comida peruana es deliciosa!

Los mariscos son muy populares en la costa.

En las montañas, a la gente le gusta comer papas y carne.

plato de mariscos llamado ceviche

Las papas son originarias de Perú. ¡Ahora se cultivan en todo el mundo!

Los peruanos adoran el fútbol. Es el deporte **nacional**.

¡A todo el mundo le gusta patear la pelota!

Hacer surf es también un deporte popular en Perú.

Perú es famoso por sus bellos **textiles**.

La gente cría alpacas para obtener lana.

La lana es convertida en telas de colores.

una mujer tejiendo una tela

Las alpacas son
parientes de las
llamas y los camellos.

En algunas zonas de Perú, la música llena el aire.

La gente toca flautas y zampoñas.

¡Los peruanos disfrutan esos dulces sonidos!

La gente sopla en las zampoñas para obtener musica.

flauta
peruana

Datos básicos

Ciudad capital: Lima

Población de Perú: más de 30 millones de habitantes

Idiomas principales: español, quechua y aimara

Moneda: nuevo sol

Religión principal: católica romana

Países vecinos: Ecuador, Colombia, Brasil, Bolivia y Chile

Dato curioso: Unas aves marinas llamadas pingüinos de Humboldt anidan en áreas desiertas de la costa peruana.

Glosario

capital una ciudad donde está ubicado el gobierno de un país

costa la tierra que está junto al mar

independencia liberarse de un control extranjero

nacional que tiene que ver con todo el país

selva tropical un lugar húmedo y cálido donde crecen muchos árboles

textiles telas que han sido hiladas o tejidas

Índice

Lee más

Landau, Elaine. *Peru (True Books: Countries).* New York: Children's Press (2000).

Newman, Sandra. *The Inca Empire (True Books: Ancient Civilizations).* New York: Scholastic (2010).

Aprende más en línea

Para aprender más sobre Perú, visita **www.bearportpublishing.com/CountriesWeComeFrom**

Acerca de la autora

Joyce Markovics vive a la orilla del río Hudson en una casa muy vieja. Sueña con visitar la antigua ciudad de Machu Picchu cubierta de nubes.